In Honour of:

_____

Date: _____

Place: _____

Welcome
Little Princess

Guest

_____

_____

ADVICE FOR PARENTS

_____

_____

_____

WISHES FOR BABY

_____

_____

_____

_____

_____

ADVICE FOR PARENTS

_____

_____

_____

WISHES FOR BABY

_____

_____

_____

_____

_____

ADVICE FOR PARENTS

_____

_____

_____

WISHES FOR BABY

_____

_____

_____

Guest

_____

_____

ADVICE FOR PARENTS

_____

_____

_____

WISHES FOR BABY

_____

_____

_____

Guest

_____

_____

ADVICE FOR PARENTS

_____

_____

_____

WISHES FOR BABY

_____

_____

_____

Guest

_____

_____

ADVICE FOR PARENTS

_____

_____

_____

WISHES FOR BABY

_____

_____

_____

Guest

_____

_____

ADVICE FOR PARENTS

_____

_____

_____

WISHES FOR BABY

_____

_____

_____

Guest

_____

_____

ADVICE FOR PARENTS

_____

_____

_____

WISHES FOR BABY

_____

_____

_____

Guest

_____

_____

ADVICE FOR PARENTS

_____

_____

_____

WISHES FOR BABY

_____

_____

_____

Guest

_____

_____

ADVICE FOR PARENTS

_____

_____

_____

WISHES FOR BABY

_____

_____

_____

_____

_____

ADVICE FOR PARENTS

_____

_____

_____

WISHES FOR BABY

_____

_____

_____

Guest

_____

_____

ADVICE FOR PARENTS

_____

_____

_____

WISHES FOR BABY

_____

_____

_____

Guest

_____

_____

ADVICE FOR PARENTS

_____

_____

_____

WISHES FOR BABY

_____

_____

_____

Guest

_____

_____

ADVICE FOR PARENTS

_____

_____

_____

WISHES FOR BABY

_____

_____

_____

Guest

_____

_____

ADVICE FOR PARENTS

_____

_____

_____

WISHES FOR BABY

_____

_____

_____

Guest

_____

_____

ADVICE FOR PARENTS

_____

_____

_____

WISHES FOR BABY

_____

_____

_____

Guest

_____

_____

ADVICE FOR PARENTS

_____

_____

_____

WISHES FOR BABY

_____

_____

_____

Guest

_____

_____

ADVICE FOR PARENTS

_____

_____

_____

WISHES FOR BABY

_____

_____

_____

Guest

_____

_____

ADVICE FOR PARENTS

_____

_____

_____

WISHES FOR BABY

_____

_____

_____

_____

_____

ADVICE FOR PARENTS

_____

_____

_____

WISHES FOR BABY

_____

_____

_____

Guest

ADVICE FOR PARENTS

WISHES FOR BABY

Guest

_____

_____

ADVICE FOR PARENTS

_____

_____

_____

WISHES FOR BABY

_____

_____

_____

Guest

_____

_____

ADVICE FOR PARENTS

_____

_____

_____

WISHES FOR BABY

_____

_____

_____

_____

_____

ADVICE FOR PARENTS

_____

_____

_____

WISHES FOR BABY

_____

_____

_____

Guest

_____

_____

ADVICE FOR PARENTS

_____

_____

_____

WISHES FOR BABY

_____

_____

_____

Guest

_____

_____

ADVICE FOR PARENTS

_____

_____

_____

WISHES FOR BABY

_____

_____

_____

Guest

_____

_____

ADVICE FOR PARENTS

_____

_____

_____

WISHES FOR BABY

_____

_____

_____

Guest

_____

_____

ADVICE FOR PARENTS

_____

_____

_____

WISHES FOR BABY

_____

_____

_____

Guest

_____

_____

ADVICE FOR PARENTS

_____

_____

_____

WISHES FOR BABY

_____

_____

_____

Guest

_____

_____

ADVICE FOR PARENTS

_____

_____

_____

WISHES FOR BABY

_____

_____

_____

Guest

_____

_____

ADVICE FOR PARENTS

_____

_____

_____

WISHES FOR BABY

_____

_____

_____

_____

_____

ADVICE FOR PARENTS

_____

_____

_____

WISHES FOR BABY

_____

_____

_____

Guest

_____

_____

ADVICE FOR PARENTS

_____

_____

_____

WISHES FOR BABY

_____

_____

_____

Guest

_____

_____

ADVICE FOR PARENTS

_____

_____

_____

WISHES FOR BABY

_____

_____

_____

Guest

ADVICE FOR PARENTS

WISHES FOR BABY

Guest

_____

_____

ADVICE FOR PARENTS

_____

_____

_____

WISHES FOR BABY

_____

_____

_____

Guest

_____

_____

ADVICE FOR PARENTS

_____

_____

_____

WISHES FOR BABY

_____

_____

_____

Guest

_____

_____

ADVICE FOR PARENTS

_____

_____

_____

WISHES FOR BABY

_____

_____

_____

Guest

_____

_____

ADVICE FOR PARENTS

_____

_____

_____

WISHES FOR BABY

_____

_____

_____

Guest

_____

_____

ADVICE FOR PARENTS

_____

_____

_____

WISHES FOR BABY

_____

_____

_____

Guest

_____

_____

ADVICE FOR PARENTS

_____

_____

_____

WISHES FOR BABY

_____

_____

_____

Guest

_____

_____

ADVICE FOR PARENTS

_____

_____

_____

WISHES FOR BABY

_____

_____

_____

Guest

_____

_____

ADVICE FOR PARENTS

_____

_____

_____

WISHES FOR BABY

_____

_____

_____

_____

_____

ADVICE FOR PARENTS

_____

_____

_____

WISHES FOR BABY

_____

_____

_____

Guest

_____

_____

ADVICE FOR PARENTS

_____

_____

_____

WISHES FOR BABY

_____

_____

_____

Guest

_____

_____

ADVICE FOR PARENTS

_____

_____

_____

WISHES FOR BABY

_____

_____

_____

Guest

_____

_____

ADVICE FOR PARENTS

_____

_____

_____

WISHES FOR BABY

_____

_____

_____

Guest

_____

_____

ADVICE FOR PARENTS

_____

_____

_____

WISHES FOR BABY

_____

_____

_____

Guest

ADVICE FOR PARENTS

WISHES FOR BABY

Guest

_____

_____

ADVICE FOR PARENTS

_____

_____

_____

WISHES FOR BABY

_____

_____

_____

Guest

_____

_____

ADVICE FOR PARENTS

_____

_____

_____

WISHES FOR BABY

_____

_____

_____

Guest

_____

_____

ADVICE FOR PARENTS

_____

_____

_____

WISHES FOR BABY

_____

_____

_____

Guest

_____

_____

ADVICE FOR PARENTS

_____

_____

_____

WISHES FOR BABY

_____

_____

_____

Guest

_____

_____

ADVICE FOR PARENTS

_____

_____

_____

WISHES FOR BABY

_____

_____

_____

_____

_____

ADVICE FOR PARENTS

_____

_____

_____

WISHES FOR BABY

_____

_____

_____

Guest

_____

_____

ADVICE FOR PARENTS

_____

_____

_____

WISHES FOR BABY

_____

_____

_____

Guest

_____

_____

ADVICE FOR PARENTS

_____

_____

_____

WISHES FOR BABY

_____

_____

_____

Guest

_____

_____

ADVICE FOR PARENTS

_____

_____

_____

WISHES FOR BABY

_____

_____

_____

Guest

_____

_____

ADVICE FOR PARENTS

_____

_____

_____

WISHES FOR BABY

_____

_____

_____

Guest

_____

_____

ADVICE FOR PARENTS

_____

_____

_____

WISHES FOR BABY

_____

_____

_____

_____

_____

ADVICE FOR PARENTS

_____

_____

_____

WISHES FOR BABY

_____

_____

_____

_____

_____

ADVICE FOR PARENTS

_____

_____

_____

WISHES FOR BABY

_____

_____

_____

_____

_____

ADVICE FOR PARENTS

_____

_____

_____

WISHES FOR BABY

_____

_____

_____

Guest

_____

_____

ADVICE FOR PARENTS

_____

_____

_____

WISHES FOR BABY

_____

_____

_____

Guest

_____

_____

ADVICE FOR PARENTS

_____

_____

_____

WISHES FOR BABY

_____

_____

_____

Guest

_____

_____

ADVICE FOR PARENTS

_____

_____

_____

WISHES FOR BABY

_____

_____

_____

Guest

_____

_____

ADVICE FOR PARENTS

_____

_____

_____

WISHES FOR BABY

_____

_____

_____

_____

_____

ADVICE FOR PARENTS

_____

_____

_____

WISHES FOR BABY

_____

_____

_____

_____

_____

ADVICE FOR PARENTS

_____

_____

_____

WISHES FOR BABY

_____

_____

_____

Guest

_____

_____

ADVICE FOR PARENTS

_____

_____

_____

WISHES FOR BABY

_____

_____

_____

_____

_____

ADVICE FOR PARENTS

_____

_____

_____

WISHES FOR BABY

_____

_____

_____

Guest

_____

_____

ADVICE FOR PARENTS

_____

_____

_____

WISHES FOR BABY

_____

_____

_____

Guest

_____

_____

ADVICE FOR PARENTS

_____

_____

_____

WISHES FOR BABY

_____

_____

_____

_____

_____

ADVICE FOR PARENTS

_____

_____

_____

WISHES FOR BABY

_____

_____

_____

_____

_____

ADVICE FOR PARENTS

_____

_____

_____

WISHES FOR BABY

_____

_____

_____

Guest

_____

_____

ADVICE FOR PARENTS

_____

_____

_____

WISHES FOR BABY

_____

_____

_____

Guest

_____

_____

ADVICE FOR PARENTS

_____

_____

_____

WISHES FOR BABY

_____

_____

_____

Guest

_____

_____

ADVICE FOR PARENTS

_____

_____

_____

WISHES FOR BABY

_____

_____

_____

_____

_____

ADVICE FOR PARENTS

_____

_____

_____

WISHES FOR BABY

_____

_____

_____

_____

_____

ADVICE FOR PARENTS

_____

_____

_____

WISHES FOR BABY

_____

_____

_____

Guest

_____

_____

ADVICE FOR PARENTS

_____

_____

_____

WISHES FOR BABY

_____

_____

_____

Guest

_____

_____

ADVICE FOR PARENTS

_____

_____

_____

WISHES FOR BABY

_____

_____

_____

Guest

_____

_____

ADVICE FOR PARENTS

_____

_____

_____

WISHES FOR BABY

_____

_____

_____

Guest

_____

_____

ADVICE FOR PARENTS

_____

_____

_____

WISHES FOR BABY

_____

_____

_____

Guest

_____

_____

ADVICE FOR PARENTS

_____

_____

_____

WISHES FOR BABY

_____

_____

_____

_____

_____

ADVICE FOR PARENTS

_____

_____

_____

WISHES FOR BABY

_____

_____

_____

Attach Keepsakes and Pictures

Gift Log

★ GIFT LOG ★

GIFT RECEIVED	GIVEN BY

★ GIFT LOG ★

GIFT RECEIVED	GIVEN BY

★ GIFT LOG ★

GIFT RECEIVED	GIVEN BY
_____	_____
_____	_____
_____	_____
_____	_____
_____	_____
_____	_____
_____	_____
_____	_____
_____	_____
_____	_____

★ GIFT LOG ★

GIFT RECEIVED	GIVEN BY

★ GIFT LOG ★

GIFT RECEIVED	GIVEN BY

★ GIFT LOG ★

GIFT RECEIVED	GIVEN BY

★ GIFT LOG ★

GIFT RECEIVED	GIVEN BY

GIFT RECEIVED

GIVEN BY

_____   _____

_____   _____

_____   _____

_____   _____

_____   _____

_____   _____

_____   _____

_____   _____

_____   _____

_____   _____

_____   _____

GIFT LOG

GIFT RECEIVED	GIVEN BY

★ GIFT LOG ★

GIFT RECEIVED	GIVEN BY

Made in United States
North Haven, CT
14 July 2023

38977162R00063